LEÇONS AUX JEUNES ENFANTS

1re SÉRIE IN-12.

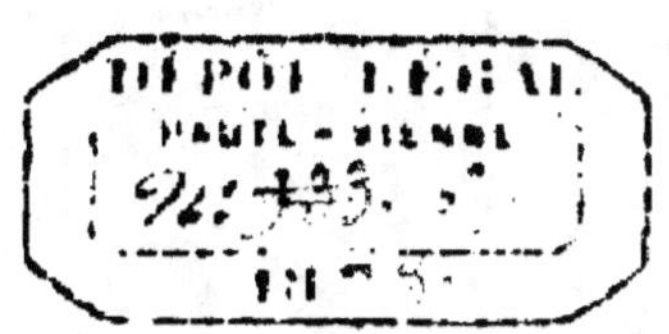

LEÇONS

AUX

JEUNES ENFANTS

SUR

L'UTILITÉ DES CHOSES

INSTRUCTIONS INTÉRESSANTES SUR LA RELIGION, LA GÉOGRAPHIE,
L'ASTRONOMIE, LES TROIS RÈGNES DE LA NATURE, ETC.

PAR CH. DELATTRE.

NOUVELLE ÉDITION, SOIGNEUSEMENT REVUE.

LIMOGES

EUGÈNE ARDANT ET Cⁱᵉ, ÉDITEURS.

DE
L'UTILITÉ DES CHOSES.

PREMIÈRE PARTIE.

L'ŒUVRE DE LA CRÉATION.

Dieu. — De la religion.

Mes aimables petits amis, les premières difficultés des longs travaux que nécessite votre instruction sont vaincues; vous savez lire, et c'est déjà posséder un grand art que celui de la lecture, car il est la clef de toutes les connaissances. Sans la lecture vous ne pouvez rien apprendre; par elle, toutes les sources de la science vous sont ouvertes.

Appliquez-vous donc avec ardeur, perfectionnez-vous dans cet art, lisez, lisez beaucoup. Mais que ce ne soit pas des livres futiles, de ces livres où il n'est question que d'êtres imaginaires, de fées, de génies; ouvrages qui vous trompent, qui corrompent votre jugement. Lisez des livres capables de vous faire connaître les choses telles qu'elles sont et sous leur véritable aspect; vous y trouverez des récits plus merveilleux encore que ceux des contes; ils vous parleront du grand œuvre de Dieu, de l'univers.

Eh! mes amis, savez-vous ce que c'est que Dieu?

Dieu, c'est l'auteur, le créateur de tout ce qui existe. La terre que vous habitez, les arbres au feuillage magnifique, dont l'ombrage verse sur vos jeunes fronts une salutaire fraîcheur, pendant les heures ardentes de l'été; les fleurs aux brillantes couleurs, au parfum si suave; les fruits savoureux; le blé, dont on fait votre pain; l'infatigable cheval, le bœuf patient, la vache et la chèvre qui vous donnent le lait, liqueur si douce; la brebis, dont la laine fournit vos vêtements; le chien, compagnon fidèle de vos jeux; les oiseaux au ramage harmonieux, au plumage aussi varié que riche; les pierres, les marbres, l'or, l'argent, le fer; l'éclatant soleil, la lune à la pâle lumière; les étoiles étincelantes, c'est Dieu qui a créé, c'est-à-dire qui a fait tout cela.

Dieu est éternel : il a toujours existé, il existera toujours, c'est

par lui que les autres êtres exis-
tent, il a tout fait, tout créé d'un
seul mot. Sa bonté est infinie;
il aime jusqu'aux plus petites de
ses créatures, et en prend le plus
grand soin. Dieu, en retour des
biens qu'il nous donne continuellement, demande que nous l'ai-
mions; et ne serions-nous pas
des ingrats dignes du plus souve-
rain mépris, si nous n'avions ni
amour ni reconnaissance pour un
père aussi plein de tendresse! L'a-
mour de Dieu, l'obéissance à ses
ordres, la manière dont nous devons lui adresser nos prières,
constitue la religion. Tout ce que
Dieu commande aux hommes,
tout ce qu'il a fait pour eux, et
les principes de la religion, nous
sont enseignés par ses ministres,
qui sont les prêtres. Chaque en-

fant doit adresser à Dieu ses prières, le matin, lorsqu'il se lève ; il
doit implorer sa divine protection
pour tous les instants de sa vie;
le soir, dans une autre prière, il
faut que l'enfant le remercie des
bienfaits dont il a été comblé pendant la journée, et qu'il le prie
d'écarter les dangers du berceau
où il sommeille. L'enfant qui aime
Dieu, qui le prie avec ferveur,
saura toujours être bon, aimable,
doux, et mériter l'estime de tout
le monde.

DE LA TERRE.

La Terre est l'habitation que
l'Eternel a préparée pour être la
demeure de l'homme, et sur laquelle il a déployé tout le luxe de
ses bienfaits; il l'a créée fertile,

afin qu'elle pût nourrir ses habitants; il l'a créée ornée de tout ce qui peut embellir, afin que l'homme pût s'y plaire; il l'a remplie de merveilles, pour que l'homme, en les voyant, se pénétrât de reconnaissance. Cette terre est un globe suspendu dans les cieux, qui tourne autour du soleil pour que toutes les parties en soient successivement échauffées et éclairées.

Vous comprenez bien, mes enfants, ce que c'est qu'un globe : c'est un corps arrondi ressemblant au ballon que vous aimez tant à faire rebondir.

La terre, étant suspendue dans les cieux, doit être semblable à ces corps lumineux qui brillent pendant la nuit. Il faut que vous sachiez que ces corps sont de deux sortes, les étoiles ou soleils, et les planètes.

Les étoiles sont des globes lumineux par eux-mêmes ; les planètes, nom qui signifie globes errants, sont des corps qui reçoivent du soleil la lumière qui les éclaire. Lorsque l'Eternel fit la terre, elle n'avait pas l'aspect que nous lui voyons aujourd'hui, parce qu'elle devait subir différentes révolutions afin de devenir capable de recevoir l'homme. D'abord elle fut toute brûlante et composée de matières fondues et réduites en vapeur par la chaleur : ce premier état avait pour but de lui donner sa forme ; car les corps liquides, et ceux qui sont réduits en vapeur, peuvent seuls prendre la forme d'un globe en tournant sur eux-mêmes, comme tourne votre toupie; or, vous saurez que la terre tourne ainsi.

Cette forme de globe, c'est ce que l'on nomme une sphère; et l'on appelle sphéroïde un globe qui n'est pas tout-à-fait rond. La terre est un sphéroïde, parce qu'elle est aplatie sur deux points opposés qui sont ses pôles, et plus large tout autour de son milieu appelé ÉQUATEUR, c'est-à-dire égal, parce qu'il est juste à la même distance des deux pôles.

Quand la terre eut reçu sa forme, elle se refroidit peu à peu à sa surface, qui devint dure et solide; alors les vapeurs qui entouraient le globe n'étant plus assez chaudes, tombèrent sur cette surface et l'entourèrent; il y eut une vaste mer qui couvrit la terre entière. Les eaux de cette mer contenaient de la chaux et un grand nombre de matières dissoutes, comme l'eau sucrée contient du sucre; mais ces matières se séparèrent peu à peu de l'eau, se déposèrent et augmentèrent l'épaisseur de la surface solide. Cependant, au-dessous de cette croûte dure, était une énorme masse de liquide brûlant dont l'agitation soulevait d'un côté la croûte pour en faire des montagnes, et la faisait enfoncer d'un autre, la transformait en bassin, et les eaux de la grande mer s'y réunissant, laissèrent à sec plusieurs endroits qui purent commencer à se couvrir de végétation.

Des mousses dans les lieux découverts, des plantes marines et des coquillages dans les eaux, ont été les premiers êtres organisés qui parurent sur le globe. Les abaissements et les soulèvements successifs de la croûte du globe produisirent les montagnes, les bassins des mers, et préparèrent les continents. Chaque déplacement des eaux était suivi d'une augmentation du sol par suite des couches solides que produisaient les matières qui les abandonnaient. Les créatures créées après celles dont je viens de vous parler furent d'énormes reptiles aux formes bizarres, des arbres qui ne peuvent vivre aujourd'hui que dans des climats chauds, tels que des bambous, des palmiers, etc. : ces êtres périrent dans les bouleversements qui suivirent, et firent place aux animaux et aux végétaux que nous voyons.

Enfin, après une série de révolutions successives, la terre, devenue solide, ayant l'aspect que nous lui connaissons, étant entourée d'une atmosphère composée d'un air pur, Dieu créa l'homme. Quelques siècles après cette création, il y eut une dernière catastrophe, celle du déluge.

L'intérieur de la terre renferme encore une masse immense de liquide brûlant, mais elle est contenue par la solidité de l'enveloppe extérieure ; et des volcans disséminés par la main divine sur tous les points du globe, sont autant de soupapes de sûreté semblables à celles des machines à vapeur, qui donnent issue à des portions de cette masse brûlante, pour empêcher que ses efforts ne détruisent les continents.

Admirez, mes enfants, cette suite merveilleuse de transformations que Dieu a fait subir à notre globe pour le rendre susceptible de nous recevoir.

La terre a neuf mille lieues de circonférence, c'est-à-dire de tour. Sa surface est divisée en partie couverte d'eau et en partie sèche et habitable : la partie couverte d'eau est l'Océan ; la partie sèche, les continents. L'Océan est plus considérable que les continents ; il recouvre un peu plus des trois quarts de la superficie du globe.

On divise l'Océan, pour faciliter l'étude de la terre, en plusieurs parties dont les principales sont : l'Océan glacial arctique, autour du pôle nord ; l'Océan atlantique et la mer du Nord, entre l'Europe, l'Amérique et l'Afrique; l'Océan pacifique entre l'Amérique et l'Asie; l'Océan glacial antarctique autour du pôle sud; l'Océan Indien entre l'Afrique, l'Asie et la Nouvelle-Hollande.

Les grands prolongements de l'Océan dans l'intérieur des continents s'appellent des mers méditerranées. Il y en a plusieurs, telles que la mer Blanche, la mer Baltique; la mer Méditérranée en Europe; la mer Rouge, entre l'Afrique et l'Asie; la mer de Baffin, la mer d'Hudson, la mer Vermeille, en Amérique.

On nomme côtes ou rivages, la limite qui sépare les continents des eaux des mers : les côtes sont formées par la terre des continents qui s'élèvent au-dessus du niveau des eaux.

Quand une mer entre largement dans les terres, elle forme un golfe ; ce n'est qu'une baie, si elle n'entre que dans une plus petite étendue. Un détroit est une portion de mer très resserrée entre deux terres, qui fait ordinairement communiquer une méditerranée avec l'Océan. Un canal est un détroit assez long placé entre une île et un continent, ou entre plusieurs îles. Une île, c'est une portion de terre entourée d'eau de tous les côtés. Un port sert à recevoir les vaisseaux et à les abriter des vents et des tempêtes.

Il n'y a qu'un continent, réellement, quoiqu'on en compte quatre, savoir : l'Europe, l'Asie, l'Afrique et l'Amérique ; ils ne forment qu'un continent, parce qu'ils tiennent ensemble et ne sont pas séparés. On appelle les trois premiers ANCIEN MONDE, car ils sont connus depuis les temps les plus reculés, et le quatrième NOUVEAU MONDE, parce qu'il a été découvert dans l'année 1492, le 6 décembre, par Christophe Colomb.

Les continents n'ont pas une surface unie; elle est au contraire très inégale; on y voit des élévations, des enfoncements, des parties plates. Les élévations se nomment montagnes et collines. Les montagnes sont des élévations d'une grande hauteur; lorsque plusieurs d'entre elles se tiennent par leur base, elles forment une chaîne; on les divise en montagnes primitives, secondaires et récentes.

Les montagnes primitives sont

les plus anciennes de toutes, leur formation date de la solidification de la surface du globe; les secondaires ont été formées pendant les bouleversements subséquents; les récentes résultent de soulèvements partiels de certaines parties des continents : ces diverses sortes de montagnes se reconnaissent aux substances qui les composent.

Un volcan est une montagne qui donne issue à une partie des matières brûlantes du centre de la terre; l'ouverture par où elles sortent est un CRATÈRE. Les collines sont des élévations de peu de hauteur.

Entre les montagnes, il y a des enfoncements, plus ou moins larges, qui reçoivent différents noms: on les appelle cols s'ils sont étroits, bordés de précipices, et que deux hommes puissent à peine passer de front; c'est un val, quand l'enfoncement a plus de largeur, et une vallée lorsqu'il est large, placé à la base des montagnes dont la pente est douce et très accessible. Les vals sont ordinairement parcourus par des torrents; les vallées par des fleuves dont la source est dans les montagnes. Entre les collines, les enfoncements prennent la dénomination de vallons; on y voit couler des rivières ou des ruisseaux.

Les parties unies des continents sont désignées par les expressions de plaines, plateaux, steppes, déserts, landes. Une plaine est une surface fertile, sans élévation, d'une étendue plus ou moins grande. Un plateau est une plaine élevée au-dessus des pays voisins, c'est comme une immense colline dont le sommet est plat et fort étendu ; il y a des plateaux qui forment des parties considérables de continents, et se terminent dans leur pourtour par de hautes montagnes : tel est le plateau central de l'Asie. Un steppe est une plaine basse, qui se couvre naturellement de pâturages. Le désert est une plaine aride, sablonneuse, qui ne produit de végétaux qu'aux endroits rares où sortent des sources peu abondantes ; ces lieux, plus favorisés, portent le nom d'OASIS. Une lande est un désert de peu d'étendue.

Des courants d'eau et des réservoirs naturels fertilisent les continents. Les courants sont : 1° des fleuves, lorsqu'ils se jettent dans la mer; 2° des rivières, lorsqu'ils se jettent dans un fleuve ; 3° des ruisseaux, quand ils sont étroits, peu étendus et qu'une rivière les reçoit. Le lieu d'où ces courants sortent de terre est leur SOURCE ; celui où ils se jettent dans la mer, dans un fleuve ou une rivière, est une EMBOUCHURE : l'embouchure d'une rivière dans un fleuve, s'appelle aussi un CONFLUENT. Les réservoirs comprennent les lacs, les étangs et les marais. Parmi les lacs, il y en a qui sont formés d'eaux douces, comme les rivières, et d'autres d'eaux salées, comme celles de la mer ; car il faut que vous sachiez que les eaux de la mer contiennent des substances nommées sels. Un lac est une grande étendue d'eau entourée de terre de tous côtés. Le plus grand des lacs salés est le lac Caspienne, en Asie. Un étang est une étendue d'eau moins considérable qu'un lac; le marais est une eau stagnante, bourbeuse et peu profonde.

Les continents ont des parties qui s'avancent dans les mers, on les nomme presqu'îles, parce qu'elles ne sont entourées d'eau que de trois côtés. Si la presqu'île est unie au continent par une langue de terre étroite, resserrée par la mer à droite et à gauche, cette langue est un ISTHME. Une montagne qui termine un continent en s'avançant dans la mer prend le nom de cap ou promontoire : les caps les plus célèbres sont le CAP NORD, à l'extrémité nord de l'Europe; le CAP DE

Bonne-Espérance, au sud de l'Afrique ; et le cap Horn, au sud de l'Amérique.

Les géographes divisent la terre en cinq parties, l'Europe, l'Asie, l'Afrique, l'Amérique, et l'Océanie, qui comprend toutes les îles du grand Océan, dont la plus considérable est la Nouvelle-Hollande.

LE SOLEIL ET LES PLANÈTES ; LEURS MOUVEMENTS ; CE QUI EN RÉSULTE.

Le soleil, cet astre magnifique, source de la lumière, de la chaleur et de la vie sur notre terre, est une étoile ; par conséquent il est lumineux par lui-même. Il est placé au centre de onze planètes qui tournent autour de lui. De ces planètes, les unes sont plus près du soleil que les autres ; voici leurs noms, en commençant par la plus rapprochée : Mercure, Vénus, la TERRE, Mars, Vesta, Junon, Cérès, Pallas, Jupiter, Saturne, Uranus ou Herschell. Il est probable que chacune des étoiles, que nous voyons pendant la nuit, est un soleil qui a aussi ses planètes, mais que nous ne pouvons voir à cause de l'éloignement. A la simple vue, on distingue les planètes des étoiles ; les premières sont très brillantes, mais sans rayons ; les secondes, sont entourées de rayons et SCINTILLENT, c'est-à-dire qu'il semble que l'on aperçoive le mouvement de leur lumière.

Les onze planètes ont été créées toutes en même temps, on leur reconnaît à peu près la même forme. Elles ont deux mouvements, l'un autour du soleil, qu'elles accomplissent en d'autant plus de temps qu'elles sont plus éloignées de lui, l'autre sur elles-mêmes; et plus elles ont de vitesse, moins il leur faut aussi de temps pour l'accomplir. Il ne faut que 98 jours à Mercure pour décrire son cercle autour du soleil; il est à 13 millions 361 lieues de cet astre; Vénus en est à 25 millions de lieues, et sa révolution, ou temps qu'elle met à tourner autour du soleil, est de 224 jours 17 minutes.

La Terre est éloignée du soleil de 34 millions de lieues; sa révolution dure 365 jour 4 heures 49 minutes.

Mars est distant de 53 millions de lieues; sa révolution nécessite un an 322 jours.

Vesta a pour distance 82 millions de lieues ; elle parcourt son orbite ou cercle en 3 ans 240 jours.

Junon est à 92 millions de lieues du soleil ; elle fait sa révolution en 4 ans 130 jours.

Cérès, éloignée de 95 millions 460 mille lieues, trace sa route en 4 ans 220 jours.

Pallas, placée à peu de distance de Cérès, met à décrire son orbite 4 ans 221 jours.

Jupiter se trouve distant du soleil de 180 millions de lieues ; il lui faut 11 ans 315 jours pour tourner autour de cet astre.

Saturne en est à 329 millions de lieues ; il met 29 ans 166 jours à parcourir sa route.

Uranus, jeté à l'énorme distance de 662 millions de lieues,

a besoin de 84 ans 7 jours pour décrire son immense orbite.

J'ai dit que le second mouvement des planètes est sur elles-mêmes, et qu'il ressemble au tournoiement de la toupie sur son fer. Les pôles des planètes représentent dans ce mouvement le fer et la tête de la toupie, de sorte qu'ils n'ont qu'un petit cercle à parcourir, tandis que celui de l'é-quateur au milieu est plus étendu.

Le soleil tourne également sur lui-même; il est d'une grosseur effrayante pour notre imagination, car sa circonférence est un million trois cent quatre-vingt mille fois plus étendue que celle de la terre; la vitesse de son mouvement est si grande, qu'il tourne sur lui-même en vingt-cinq jours douze heures.

Mercure n'a de circonférence que le seizième de celle de la terre ; il tourne sur ses pôles en 24 heures 5 minutes.

Vénus, dont la circonférence est le dix-neuvième de celle de la terre, tourne en 23 heures 21 minutes.

La terre a 9 millions de lieues de circonférence ; elle fait un tour complet sur ses pôles en 23 heures 56 minutes 4 secondes.

Mars n'a qu'un sixième de la circonférence de la terre ; sa rotation dure 24 heures 31 minutes.

Vesta, Junon, Cérès et Pallas sont très petites, et on n'a pu calculer encore leur grosseur ni le temps de leur rotation.

Jupiter est 1,470 fois plus gros que la terre, et sa vitesse est si rapide, qu'il tourne complètement en 9 heures 56 minutes.

Saturne, 887 fois plus gros que la terre, accomplit sa rotation en 10 heures 16 minutes.

Uranus n'est que 77 fois plus gros que la terre ; on ne connaît pas encore le temps qu'il met à faire sa rotation.

La durée du jour et de la nuit résulte du mouvement des planètes sur elles-mêmes ; la succession des saisons est la suite de leur course autour du soleil.

En tournant sur leur axe, c'est-à-dire sur une ligne qui s'étendrait d'un pôle à l'autre, les planètes présentent successivement tous les points de leur surface à la lumière du soleil : de là le jour, et successivement ces points se trouvant du côté opposé sont dans l'obscurité; de là la nuit.

Ainsi, sur la terre, quand la nuit est égale en longueur au jour, l'un et l'autre durent douze heures moins quelques secondes, ce qui donne pour total 24 heures, ou rigoureusement parlant, 23 heures 57 minutes 4 secondes, absolument le même temps que la terre met à tourner sur elle-même.

On a divisé ce temps en vingt-quatre parties égales, dont chacune est une heure. On partage la journée en heures d'avant midi ou du matin, et heures d'après midi ou du soir. Minuit, ou le milieu de la nuit, est la douzième heure après midi, midi; ou le milieu du jour est la douzième heure du matin; une heure est composée de soixante minutes; une minute de soixante secondes; et une seconde de soixante tierces. La moitié d'une heure s'appelle une demi-heure; elle est de trente minutes; la moitié d'une demi-heure est un quart d'heure; il contient quinze minutes; il faut quatre quarts d'heure pour faire une heure.

Du mouvement des planètes autour du soleil résultent l'année et les saisons. Voilà pourquoi l'année de la terre est de 365 jours 5 heures 49 minutes.

La terre est suspendue dans l'espace de manière à ce que dans sa course elle présente successivement au soleil chacun de ses pôles. Quand le pôle arctique est tourné du côté du soleil, nous avons le printemps, puis l'été; quand le pôle antarctique s'y présente à son tour, nous avons l'automne et l'hiver; mais l'autre côté de la terre jouit de la belle saison. Cet admirable effet n'existerait pas si la terre était suspendue de manière à ce que son axe formât un angle droit avec l'orbite qu'elle parcourt; alors on aurait toujours la même saison; les pôles souffriraient perpétuellement sous l'influence de l'hiver; l'équateur trop chauffé ne serait pas habitable. Ainsi remercions Dieu dont la sagesse infinie a coordonné toutes les parties de notre globe de manière à ce qu'elles jouissent également de ses bienfaits et des dons de sa toute-puissance. Quel magnifique ouvrage que le sien !

Vous voyez, mes amis, d'après ce que je viens de vous dire, qu'il y a quatre saisons : le printemps, qui nous ramène les beaux jours, un air pur et les fleurs, qui fait renaître tout à la vie ; l'été, avec ses moissons dorées, ses soirées et ses nuits aussi fraîches que magnifiques ; l'automne, qui vient chargé de pampres et de fruits exquis ; puis l'hiver, qui n'est pas sans jouissance, car il nous donne l'occasion de soulager les pauvres qui souffriraient du froid, de partager notre pain avec les malheureux que la saison rigoureuse prive de travail. L'hiver est le temps des aumônes et des bonnes œuvres ; c'est alors surtout que nous devons nous souvenir de la sainte maxime de Jésus-Christ : AIMEZ VOTRE PROCHAIN COMME VOUS-MÊME. Quelle satisfaction n'éprouverez-vous pas, après avoir fait du bien à vos frères souffrants, lorsque vous jouirez des douceurs que procure l'aisance pendant cette saison ? Combien vous serez heureux ! Mes petits amis, faites le bien, c'est là le secret du bonheur. Maintenant, je vais vous expliquer un mystère qui pique vivement, je le vois, votre curiosité. Comment, dites-vous en vous-même, les planètes peuvent-elles continuellement suivre la même route autour du soleil ?

Ce fut longtemps le secret de l'Eternel ; mais dans sa bonté, il permet que nous soyons instruits de quelques-unes des merveilles de son grand et sublime ouvrage, afin que nous redoublions d'amour pour lui. Alors il envoie sur la terre des hommes d'une intelligence supérieure, qu'il doue de la faculté de découvrir un de ses mystères. Dans l'année 1687, Isaac Newton fit connaître aux hommes les lois de l'attraction qui retiennent tous les corps célestes dans leur orbite.

Le soleil est doué de la propriété d'attirer vers lui les onze planètes qui sont dans sa dépendance; il les attire de manière à ce qu'elles se précipiteraient sur son centre, si la vitesse de leur mouvement ne tendait à les lancer dans l'espace en sens contraire. Il résulte de cette double action que chaque planète étant attirée par le soleil avec une force égale à celle qui la pousse en sens contraire, reste dans le cercle que la main de Dieu lui a tracé

LA LUNE, LES SATELLITES. — ACTION DE LA LUNE SUR LA TERRE. — LES ÉTOILES, LES COMÈTES.

LES CIEUX PUBLIENT LA GRANDEUR DE DIEU, dit, dans un de ses cantiques sublimes, le saint roi David : parole aussi vraie qu'elle est belle. Mes enfants, tout ce que je vous ai rapporté de l'œuvre de la création en est une preuve éclatante ; ce que je vais vous dire encore vous prouvera que la bonté de Dieu est aussi infinie que sa puissance.

Il y a des planètes éloignées du soleil, que Dieu a entourées de globes plus petits qui tournent autour d'elles ; c'est pour cela que les astronomes appellent ces globes satellites, c'est-à-dire qui accompagnent; la lune est le satellite de la terre. Ces satellites éclairent la planète autour de laquelle ils tournent, en réfléchissant sur eux, pendant les nuits, la lumière du soleil: ils soulèvent les eaux de l'Océan et produisent les marées; ils soulèvent l'atmosphère et occasionnent des vents qui déplacent et assainissent l'air, qui déterminent tantôt les pluies bienfaisantes, tantôt la pureté de l'ATMOSPHÈRE. On désigne par ce nom la masse d'air qui entoure la terre et tourne avec elle; c'est dans le sein de cette masse d'air que se produisent les nuages, les brouillards, la pluie, la neige, les tempêtes, le tonnerre, les orages, phénomènes que vous expliquera la science de la physique quand vous serez plus instruits.

Jupiter a quatre satellites ou lunes. Saturne, sept et un anneau de matière solide qui l'entoure et tourne autour de lui. Uranus a six satellites.

Revenons à notre lune, le satellite du globe que nous habitons. La lune tourne autour de la terre en décrivant un cercle elliptique, c'est-à-dire allongé, de sorte que tantôt elle est plus près, tantôt plus loin de la terre. Lorsqu'elle en est le plus loin, sa distance et de 91 mille 450 lieues, et le plus près, de 81 mille 105 lieues : c'est l'attraction de la terre qui retient la lune dans son orbite. La lune met 27 jours 7 heures 45 minutes à décrire son cercle autour de la terre; en même temps elle tourne aussi sur elle-même. C'est le soleil qui éclaire la lune; aussi quand elle se trouve entre la terre et le soleil, nous ne la voyons pas, parce que le côté tourné vers nous n'est pas éclairé : c'est ce que l'on nomme nouvelle lune. A mesure qu'elle avance dans son orbite, nous apercevons sa surface qui reçoit la lumière solaire; d'abord elle a la forme d'un croissant dont les extrémités sont tournées vers l'est, parce que le reste de son corps est toujours dans l'ombre : c'est le premier quartier. Plus elle s'élève, plus la lumière s'étend sur elle, jusqu'à ce que nous voyions une de ses faces en entier : c'est la pleine lune. Puis elle se replonge dans l'ombre de la terre ; enfin on n'en voit plus qu'un croissant tourné vers l'ouest : c'est le dernier quartier ; elle disparaît de nouveau, sa révolution autour de la terre est achevée, elle en recommence une autre.

Dans l'espace d'une année, la lune parcourt douze fois son orbite autour de la terre.

C'est d'après le cours de la lune qu'on a divisé l'année en mois. Il y a douze mois, qui sont : janvier, février mars, avril, mai, juin, juillet, août, septembre, octobre, novembre et décembre. L'année commence le premier janvier ; le mois est divisé en semaines de sept jours ; les jours sont : lundi, mardi, mercredi, jeudi, vendredi, samedi et dimanche.

Je dois vous parler actuellement des éclipses. Une éclipse est la cessation momentanée de la lumière du soleil ou de la lune Quand la terre vient à passer entre la lune et le soleil, son ombre couvrant la surface éclairée de la lune, la fait disparaître à nos yeux; c'est une éclipse de lune. Si, au contraire, la lune passe entre la terre et le soleil, le corps opaque de la lune nous cache une partie du soleil; alors il y a éclipse de ce grand astre. La lune nous paraît très grande; cependant elle est quarante-neuf fois plus petite que la terre : sa grandeur apparente vient de la proximité où elle est de notre globe.

Vous connaissez actuellement les astres qui tournent autour de notre soleil; mais lorsque vous admirez l'immensité de l'espace par une belle nuit, combien d'autres corps célestes y roulent, jetant un vif éclat! Ce sont les étoiles : la plus proche est à une distance de notre terre qui effraie l'imagination. Les étoiles semblent former des groupes; la réunion de plusieurs d'entre elles dans une partie du ciel prend le nom de constellation.

Quelquefois apparaissent des astres très brillants, suivis d'une longue traînée de lumière, qui parcourent en peu de jours une grande étendue du ciel : on leur donne le nom de comètes. Les comètes tournent autour du soleil; elles sont des espèces de planètes dont l'orbite est très étendu et décrit une ellipse ou ovale très allongé. Parmi les comètes, il y en a quelques-unes dont le cours est connu, telle est celle qui a paru à la fin de 1835 ; l'astronome Halley a calculé le temps de sa révolution, qui est de 67 ans : c'est pourquoi elle porte son nom. Les comètes sont donc, comme vous le voyez, des astres assujétis aux lois que Dieu a tracées à tous les corps célestes, et non des phénomènes surnaturels annonçant de graves événements, comme on le croyait autrefois.

LE LEVER ET LE COUCHER DES ASTRES — LES POINTS CARDINAUX.

FAITES attention, mes chers enfants, à ce que je vais vous apprendre dans ce chapitre ; vous y trouverez la solution d'un problème qui doit embarrasser vos jeunes intelligences. Jusqu'à présent, en vous parlant du soleil, je vous l'ai représenté fixe par rapport à la terre, et les planètes tournant autour de lui; cependant, le soleil se lève tous les matins, se couche tous les soirs, vous en avez eu maintes fois la preuve; comment donc, me direz-vous, se fait-il que ce ne soit pas le soleil qui tourne, comme la lune, autour de notre globe?

Le lever et le coucher du soleil! c'est un bien beau spectacle, mes amis; c'est à ces deux moments, qui commencent et terminent le jour, que Dieu a déployé le plus de magnificence pour nous inviter à l'adorer encore lorsque la nuit vient nous annoncer le repos.

Qu'il est beau de voir le globe immense d'ou la lumière s'échappe par torrents, monter sur l'horizon, précédé par l'aurore aux teintes empourprées! vivifier la nature entière, donner aux champs, aux prairies et aux forêts l'aspect le plus admirable par l'effet de mille jeux de lumière!

Qu'il est beau également de voir ce globe rentrer sous l'horizon après avoir terminé sa carrière, pour éclairer l'autre côté de notre terre, nous jetant comme un adieu ses derniers rayons qui dorent la cime des monts, colorent les nuages aux formes fantastiques, puis s'éteignent peu à peu, laissant après eux un crépuscule prélude de l'ombre de la nuit, ou de la pâle clarté de la lune.

O mes enfants! si vous habitez les villes et que vous n'ayez jamais joui de ces merveilles, priez vos bons parents de vous conduire au moins une fois dans la campagne pour vous rendre témoins des pompes majestueuses de la nature!

Le lever et le coucher du soleil, la course de cet astre sur nos têtes, sont apparents, mais non réels : c'est l'effet du mouvement de la terre sur elle-même. Prenez une boule, mettez-la devant une bougie, puis faites-la tourner lentement : toutes les parties de la boule passeront alternativement dans l'ombre et dans la lumière. Maintenant, fixez une épingle sur un point non éclairé, et tournez la boule de gauche à droite. L'épingle aura d'abord la bougie à sa droite, puis au-dessus de sa tête, enfin à sa gauche, jusqu'à ce qu'elle rentre dans l'obscurité. La bougie n'a pas changé de place; c'est la boule qui a tourné sur elle-même.

Dans cette petite expérience on trouve l'explication du mouvement apparent du soleil. La terre tourne de gauche à droite pour un homme placé en face du soleil à midi; la droite de cet homme est l'orient ou l'est, parce que le soleil lui semble se lever de ce côté; la gauche est le couchant ou l'ouest, parce que le soleil y disparaît le soir; le point où le soleil se trouve au milieu du jour se nomme le midi ou sud, et le côté opposé, le nord. Dans l'hémisphère que nous habitons, le soleil ne se voit jamais au nord, mais seulement au sud; c'est le contraire dans l'hémisphère opposé; à midi, le soleil occupe le nord, et il ne passe jamais au sud.

Les quatre points du ciel : est, sud, ouest et nord, se nomment les quatre points cardinaux; on s'ORIENTE quand on sait les distinguer. S'orienter veut dire trouver l'orient.

LES RÈGNES DE LA NATURE OU LES HABITANTS DU GLOBE.

LORSQUE Dieu eut achevé le globe terrestre, il l'orna de plantes utiles et agréables, le peupla d'animaux, puis y plaça l'homme.

L'ensemble de toutes ces créatures, hommes, animaux, plantes, pierres et métaux, constitue la nature.

On classe les divers êtres de la nature dans deux divisions qui portent le nom de règnes; l'un est le règne organique ou des êtres vivants : on le nomme ANI-MAL ; l'autre, le règne inorganique ou des êtres inanimés : on l'appelle VÉGÉTAL. Les plantes, les animaux, les hommes, sont donc du règne organique ou ANIMAL ; les pierres et les métaux, du règne inorganique ou VÉGÉTAL.

Vous connaissez les plantes, mes petits amis : les unes, comme le blé, le seigle, l'orge, servent à faire le pain ; d'autres, comme l'avoine, le trèfle, la luzerne, les herbes dont se composent le foin, nourrissent plusieurs de nos animaux domestiques. Les poiriers, pommiers, pêchers, cerisiers, abricotiers, groseillers, etc., fournissent des fruits délicieux pour vos desserts ; la vigne produit le raisin savoureux et sucré dont le jus fermenté se convertit en vin. Le chêne, le hêtre, le sapin, le noyer, l'acajou, le frêne et beaucoup d'autres grands arbres des forêts produisent du bois pour le chauffage, la charpente des maisons, la construction des vaisseaux, et la fabrication des meubles qui ornent nos demeures.

Le rosier, la violette, la giroflée, l'œillet, le lys, l'hortensia, le camélia, le dahlia, les asters, le lilas, la tubéreuse, les iris, les narcisses, les tulipes, les jacinthes, les anémones, les renoncules, et mille autres fleurs aussi variées dans leurs formes que dans leurs couleurs et leurs parfums, embellissent les jardins.

Le quinquina, la centaurée l'ipécacuanha, la guimauve, la valériane, l'oranger, le tilleul, le laurier-camphrier, le laurier-canellier, le simarouba, le muscadier, la bourrache, la chicorée sauvage, la buglosse, le cresson, etc., donnent d'utiles médicaments pour soulager les malades.

Beaucoup d'autres plantes, comme le poivrier, le géroflier, la vanille, la muscade, la canelle, le piment, la tomate, servent à relever le goût de nos mets et à les assaisonner.

Avec le lin, le chanvre, le coton, on tisse des toiles dont nous nous revêtons. Ainsi, tout est utile, parmi les végétaux ou plantes, dont la chimie retire des médicaments puissants.

Ces êtres intéressants sont divisés en trois classes établies d'après la manière dont chacun d'eux sort de la terre en naissant. C'est d'une graine confiée à la terre que provient chaque plante : on voit donc les unes LEVER, ou naître, sans feuilles; les autres avec une seule feuille, d'autres enfin avec deux ou plusieurs feuilles. Les premières composent la classe des ACOTYLÉDONÉES; les secondes, celles des MONOCOTYLÉDONÉES, et les troisièmes, la classe des DICOTYLÉDONÉES. On partage ensuite les classes en familles, d'après les ressemblances des plantes entre elles.

Les principales familles de la première classe sont : les algues ou plantes marines, les mousses, les champignons et les fougères.

Dans la seconde classe on distingue, comme les plus remarquables : 1° la famille des graminées, à laquelle appartiennent le blé, l'orge, le seigle, l'avoine, le maïs, le millet, le riz, la canne à sucre, les plantes des prairies dites à fourrage, dont on fait le foin, et les roseaux, dont le plus grand est le bambou; il égale en hauteur et en grosseur les palmiers : on le trouve dans l'Afrique et l'Asie méridionale; 2° la famille des palmiers, dont le cocotier, le dattier, l'élaïs, sont les arbres les plus utiles; 3° la famille des lys; 4° celle des narcisses; 5° la famille des iris; 6° la famille des bananiers, remarquables par des plantes dont les feuilles ont jusqu'à dix-huit pieds de longueur, et qui produisent plus de cent fruits disposés en grappe appelés RÉGIME, dont chacune fait la charge d'un homme. Ces plantes des pays chauds fournissent une excellente nourriture.

La classe des dicotylédonées est la plus nombreuse en familles et en espèces. Je vous citerai parmi les familles les plus utiles, 1° celle des lauriers, qui comprend le laurier noble ou d'Apollon, le canellier, le camphrier, le muscadier, l'avocatier, le sassafras et le faux benjoin; 2° les polygonées, au nombre desquelles on trouve l'oseille, le sarrasin ou blé noir qui nourrit nos départements de l'ouest, ceux de l'ancienne province de Bretagne; la rhubarbe, plante dont la racine est purgative et la feuille un légume excellent; 3° les atriplicées; à cette famille appartiennent la betterave, la rivale de la canne à sucre, la betterave, qui produit un sucre excellent : la culture de cette plante est une des richesses de nos départements du nord; 4° les labiées, famille formée des plantes odoriférantes et médicinales : la sauge, le thym, le serpolet, le romarin, la lavande, les menthes, les monardes, l'hysope, le lierre terrestre ou glécome; 5° les solanées, famille bizarre dont certaines espèces sont des poisons, comme la jusquiame, la belladone, le tabac, les daturas, la mandragore; et les autres, d'utiles aliments, comme la parmentière, appelée vulgairement pomme de terre, la tomate, l'aubergine; 6° la famille des bourraches; 7° celle des gentianes, dont les espèces sont médicinales; 8° la nombreuse famille des synanthérées, dont les chicorées, les lai-

tues, salsifis, artichauts, font partie, ainsi que les paquerettes ou
marguerites des champs, les dah-
lias, les asters, etc.; 9° la famille
des rubiacées, riche en plantes
propres à la teinture, comme la
garance; en plantes médicinales,
le quinquina, l'ipécacuanha, et
en végétaux non moins utiles,
tels que le café et le bois de fer,
le plus dur de tous les bois;
10° les ombellifères, dans lesquelles on range la carotte, le panais, le céleri, le cerfeuil, le persil,
l'angélique, dont on fait des bon-
bons délicieux : quelques ombellifères sont des poisons, tels que
les ciguës, les phellandrium;
11° la famille des renoncules, dont
les nombreuses espèces ornent
les jardins, mais sont d'actifs poisons; ainsi les enfants ne doivent

jamais toucher aux renoncules, clématites, ancolies, delphinium ou pied-d'alouette, ellébores, aconits, etc.; 12° les pavots; d'une espèce on retire l'opium, substance utile pour calmer les douleurs, mais qui tue si on en prend sans connaître les doses; 13° la famille des crucifères : elle renferme la giroflée, la julienne, la corbeille d'or ou alysson, les choux, les navets, le cresson, le cochléaria, la moutarde, etc.; 14° la famille des érables, dont le marronnier d'Inde et les érables sont les principaux arbres; 15° la famille des hespérides ou orangers; 16° celle des thés, dans lequel se trouvent l'arbre à thé de la Chine et les beaux camélias qui viennent du Japon; 17° la famille des vignes; 18° celle des mauves et des guimauves :

le cotonnier en est une des plantes remarquables ainsi que le cacaoyer, dont les amandes pilées avec du sucre composent le chocolat, si bon au goût et à la santé.

Il y a encore les familles des œillets, où l'on range le lin; celles des groseillers, des myrtes, des rosacées, une des plus riches en fleurs et en fruits, puisque les rosiers, les poiriers, pommiers, abricotiers, etc., sont de cette famille; des fragariées ou fraisiers; des légumineuses, possédant les acacias, les pois, haricots, fèves, lentilles, etc.; des cucurbitacées : melons, concombres, potirons, etc.; des orties, dans laquelle vous serez fort étonnés de voir le figuier et l'arbre à pain de l'Océanie; des amentacées, famille réunissant la plupart des arbres de nos forêts d'Europe : chêne, hêtre, châtaignier, noyer, charme, aulne, bouleau, saule, peuplier, orme, platane, noisetier, etc.; enfin la famille des conifères ou arbres verts : sapins, mélèzes, thuyas, pins, cèdres, genévriers, ifs, cyprès, arbres dont on retire le goudron, la poix et la térébenthine.

Les plantes ont différentes parties qui sont : 1° la racine, organe placé en terre pour y puiser la nourriture; 2° la tige, qui prend le nom de tronc dans les arbres, de chaume dans les graminées; la tige est le support des branches et des feuilles; 3° les rameaux ou branches; 4° les feuilles, qui servent à absorber, c'est-à-dire pomper l'air et l'eau contenue dans l'air; c'est par les feuilles que les plantes respirent ; 5° les fleurs, composées, dans les plantes les plus parfaites, d'un calice ou enveloppe ordinairement verte, d'une corolle qui est la partie brillante, colorée, odorante de la fleur; la corolle est quelquefois d'une seule pièce, alors on la nomme MONOPÉTALE; ou de plusieurs pièces, et on la dit POLYPÉTALE, car chaque pièce de la corolle est un PÉTALE. Dans la fleur sont cachées ses parties principales, les étamines que couvre une poussière ordinairement jaune, le pistil et l'ovaire renfer mant les germes des graines; le pistil tient toujours à l'ovaire, il conduit dans l'intérieur de cette partie le liquide du POLLEN ou poussière des étamines qui donne aux graines la propriété de germer. Quand la fleur est tombée, l'ovaire grossit et devient fruit.

Les animaux ne nous sont pas moins nécessaires que les végétaux ; ainsi vous n'ignorez pas les services que rendent le cheval, l'âne, le chameau, l'éléphant, le bœuf, la brebis, la chèvre, le chien, qui sont les serviteurs de l'homme : non-seulement ils emploient leurs forces à son service, mais ils le nourrissent de leur chair, de leur lait, et le vêtissent de leurs peaux et de leurs toisons.

On partage les animaux en deux grandes divisions : les vertébrés et les invertébrés. Les animaux vertébrés sont ceux qui ont des os dans l'intérieur du corps, dont la réunion se nomme SQUELETTE; ces os s'appuient sur l'épine du dos ou colonne vertébrale, assemblage d'os en forme d'anneaux nommés vertèbres.

Les animaux de la première division ont un cerveau dans la tête; ils ont encore des nerfs, des chairs qu'on appelle MUSCLES, pour faire agir les membres; cinq sens : la vue, l'ouïe, l'odorat, le goût et le toucher; un cœur charnu, des vaisseaux, du sang rouge et chaud. Les animaux invertébrés n'ont pas d'os; ils sont privés de cerveau; ils ont des nerfs, du sang froid et blanc chez la plupart; ils ont un ou plusieurs cœurs membraneux, et ils respirent par des vaisseaux appelées TRACHÉES, dont les ouvertures extérieures sont dites stygmates.

La division des vertébrés comprend quatre classes : 1º les mammifères; 2º les oiseaux;

3° les reptiles; et 4° les poissons.

La division des invertébrés n'a que trois classes : les mollusques, les articulés et les rayonnés.

Les mammifères sont des animaux terrestres et aquatiques pourvus de quatre membres, dont les petits naissent vivants et sont nourris de lait pendant leur première enfance; ils respirent l'air par un poumon placé avec le cœur dans la poitrine.

La classe des mammifères se subdivise en huit ordres : 1° les bimanes, qui ont deux pieds et deux mains : l'homme; 2° les quadrumanes, qui ont quatre mains, deux à l'extrémité des bras, et deux qui terminent les jambes au lieu de pieds : les singes; 3° les carnassiers, animaux se nourrissant de chair : les chauves-souris, taupes, hérissons. ours, chiens, renards, loups, martes, fouines, belettes, chats, lions, tigres, panthères, léopards, lynx, hyènes, phoques ou veaux marins ; 4° les marsupiaux, qui donnent asile à leurs petits nouveau-nés, dans une poche placée sous le ventre des mères : les sarigues, les kangourous ; 5° les rongeurs, animaux qui usent avec leurs dents les substances dont ils se nourrissent : les écureuils, marmottes, rats, souris, mulots, loirs, lapins, lièvres, castors, cabiais, cobayes ou cochons d'Inde ; 6° les édentés, animaux, les uns privés de quelques-unes des dents : les tatous, fourmiliers, tamanoirs, paresseux ; 7° les pachydermes, grands animaux dont la peau est épaisse : l'éléphant, le tapir, le rhinocéros, l'hippopotame, le sanglier et le porc, le cheval, l'âne; 8° les ruminants, qui possèdent plusieurs estomacs et la faculté de faire remonter dans la bouche, pour la mâcher de nouveau, la nourriture qu'ils ont déjà avalée; cette action se nomme ruminer.

Les ruminants sont : la girafe, les chameaux, les chevrotains, le cerf, le daim, le renne, l'élan, le chevreuil, les gazelles, le bœuf, la chèvre, la brebis; les cétacées, grands mammifères marins qui nagent dans l'Océan, comme les poissons : la baleine, le cachalot, les dauphins, les lamentins, les dugongs.

La classe des oiseaux comprend les animaux vertébrés dont le corps est couvert de plumes, qui sont privés de dents, et qui, au lieu de ces os et des lèvres, ont des lames de corne formant un bec. Les oiseaux sont ovipares, c'est-à-dire qu'ils naissent d'un œuf; de leurs quatre membres, deux servent à les soutenir dans l'air, ce sont les ailes. Les oiseaux ont deux estomacs, le jabot et le gésier, qui est épais et charnu : ils respirent par des poumons.

Cette classe est divisée en six ordres : 1° les oiseaux de proie : aigles, vautours, éperviers, milans, buses, faucons, ducs ou hibous, chouettes; 2° les passereaux; dans cet ordre sont des êtres charmants, les uns doués d'un ramage harmonieux : rossignol, fauvette, alouette, serin, pinson, chardonneret; les autres ornés du plumage le plus éclatant : oiseaux-mouches, tangaras, cotingas, merles, lyres, etc. Les grives, les corbeaux, geais, pies, moineaux sont aussi des passereaux; 3° les grimpeurs: les pics, les perroquets, les lorris, les perruches, les coucous, les toucans; 4° les gallinacées : pigeons, coqs et poules, perdrix, dindons, hoccos, faisans, paons, pintades, tetras, lophophores, cailles, etc.; 5° les échassiers ou oiseau à longues jambes : autruches, casoars, outardes, pluviers, vanneaux, grues, cigognes, hérons, flammants, ibis, bécasses, poules d'eau; 6° les palmipèdes, ou pieds palmés, oiseaux dont les doigts sont unis par des membranes : grèbes, plongeons, pingouins, manchots, pétrels, mouettes, albatros, pélicans, cormorans, cygnes, oies, canards, etc.

Les reptiles sont ovipares ; leur peau est nue ou couverte d'écailles ; ils traînent le ventre sur la terre en marchant. Cette classe a quatre ordres : 1° les chéloniens ou tortues, animaux couverts sur le dos et la poitrine d'une forte cuirasse écailleuse appelée carapace : il y a des tortues de mer, des tortues d'eau douce et des tortues terrestres ; 2° les sauriens, reptiles quadrupèdes dont les uns sont immenses et carnassiers, comme les crocodiles, les alligators, et les autres de petite taille : tels sont les lézards gris et verts de nos contrées ; 3° les ophidiens ou serpents, reptiles privés de membres, dont plusieurs occasionnent la mort, en blessant avec des dents creuses, qui sont les conduits d'un venin actif renfermé dans

des poches sous la mâchoire supérieure; 4° les batraciens, reptiles amphibies vivant dans l'eau
et sur la terre : les grenouilles,
crapauds, salamandres, etc.

Les poissons ne vivent que dans
l'eau; ils sont ovipares : leur peau
est nue ou écailleuse. Les poissons
respirent l'eau par des branchies,
sortes de feuillets membraneux
placés sur les côtés du cou, sous
les ouïes ou opercules.

Ils montent et descendent dans
l'eau au moyen de la vessie nata-
toire qu'ils remplissent d'air et
vident à volonté. Au lieu de
membres, les poissons ont des na-
geoires. La classification de ces
animaux repose sur des caractères
difficiles à saisir à votre âge; aussi
je ne vous en parlerai pas.

Nous passons donc de suite aux

classes de la division des invertébrés.

La première est celle des mollusques ou animaux mous. Les
mollusques n'ont pas d'os ; leur
sang est blanc : la plupart habitent ces jolis coquillages que l'on
pêche dans les mers. Parmi les
mollusques, vous connaissez l'huî-
tre, la moule, le colimaçon, les
limaces ; il en est une espèce précieuse par les perles que l'on
trouve dans sa coquille : c'est
l'avicule perlière qui se pêche dans
la mer des Indes. La nacre de
perle provient aussi de l'intérieur
de plusieurs coquillages.

La classe des articulés comprend les insectes, les crustacés,
les arachnides et les annélides.
Les insectes vous sont familiers :
le hanneton, le cerf-volant, le ca-

pricorne, la courtilière, le bupreste doré, ont servi plus d'une fois à vos jeux. Dans la prairie, vous avez poursuivi le brillant papillon : je vous ai vus bondir de joie lorsque le pauvre captif s'échappait de vos mains. Tous ces petits animaux, de même que l'abeille, les mouches, les fourmis, sont des insectes. Aujourd'hui je ne vous dirai rien des arachnides ou araignées, sinon que c'est à tort que vous les regardez comme des êtres rebutants ; vous seriez très attentifs, et vous changeriez totalement d'opinion, si je racontais l'histoire de ces industrieux animaux, ce que je ferai dans quelques jours.

Quant aux crustacés, la gourmandise les rendra respectables aux yeux de plusieurs d'entre vous, lorsqu'ils sauront que l'écrevisse, le homard et les crevettes en font partie.

Les annélides sont les vers de terre et les sangsues.

Le règne inorganique se compose des pierres, des marbres et des métaux ; toutes substances désignées sous le nom générique de minéraux.

Un minéral est un être composé de partics infiniment petites appelées MOLÉCULES, toutes semblables entre elles, de sorte qu'il n'y a pas de différence entre son intérieur et son extérieur. Le minéral est inerte, c'est-à-dire sans vie et sans mouvement ; il est soumis à l'action des agents physiques.

Les minéraux sont distribués dans trois classes : 1° les pierres ;

2° les métaux; 3° les minéraux inflammables. Le nombre des êtres du règne inorganique est très inférieur à celui des êtres organisés, car on ne connaît qu'environ 300 espèces de minéraux, tandis qu'il y en a 100 mille d'animaux et 80 mille de végétaux qui ont été étudiées.

Dans la classe des pierres on trouve : 1° les carbonates, qui comprennent les marbres, les moellons, la pierre de taille, la craie, les pierres à lithographier, celles qui servent à repasser les rasoirs; les carbonates de fer et de cuivre, d'où l'on retire du fer et du cuivre; 2° les sulfates, dont la pierre à plâtre n'est pas un des moins utiles; 3° les silicides, au nombre desquels sont le quartz ou cristal de roche, le sable de rivière, le sable fin des environs de Paris, le grès dont on fait des pavés; les agathes, l'opale, pierre précieuse d'un grand prix, l'émeraude, le saphir, le grenat, l'aigue-marine, employées en bijouterie; les argiles, précieuses pour la fabrication des poteries, de la porcelaine, des briques, des tuiles; 4° les aluminides, qui ont pour espèces remarquables les belles pierres précieuses nommées rubis, topazes, améthistes et saphirs d'Orient.

La classe des métaux contient les minerais d'où l'on retire le fer, le cuivre, le plomb, l'étain, l'argent, l'or; et on y range aussi ces métaux, lorsqu'ils sont purs, c'est-à-dire séparés de toute matière étrangère. Les minerais principaux sont des sulfures, arséniures et des oxides, ou des mélanges de soufre, d'arsenic, ou d'oxigène avec le fer, l'or, l'argent, etc.

Dans la classe des combustibles sont rangés le charbon, genre nombreux, composé de la houille ou charbon de terre, minéral aussi précieux que le fer, qui est le plus précieux de tous par les usages auxquels on l'emploie; le diamant, qui, malgré son prix et son brillant éclat, n'est que du charbon très pur; des bitumes; de l'ambre jaune, sorte de bitume solide; de la graphite, substance qui sert à faire les crayons; enfin de la tourbe, sorte de terre charbonneuse qui brûle aussi bien que la houille. Vous voyez, d'après cet exposé, que les êtres du règne inorganique ne rendent pas moins de services à l'homme que les animaux et les plantes; ce sont les minéraux qui constituent la masse de la planète terrestre et les roches qu'elle renferme. Les plantes elles-mêmes, le corps de l'homme et des animaux, ne sont que des molécules minérales organisées et animées par la volonté de Dieu.

LES RACES D'HOMMES. — LES SOCIÉTÉS. — COMMENT ELLES SE SONT FORMÉES.

L'homme est la créature la plus parfaite de celles qui habitent le globe terrestre, parce que Dieu lui a donné une âme intelligente, immortelle, capable de s'élever jusqu'à lui, de reconnaître son existence et de l'adorer; tandis qu'aux animaux il n'a donné que la vie et un instinct qui meurt avec eux. Dieu ne créa qu'un homme et une femme, Adam et Eve, dont les descendants étant devenus très méchants furent détruits par le déluge; il ne se trouva que Noé auquel Dieu pardonna, parce qu'il était vertueux. Noé se renferma dans l'arche avec sa famille et une paire de chaque espèce d'animaux qui repeuplèrent la terre. Tous les hommes actuels descendent de Sem, Cham et Japhet, fils de Noé. Les familles sauvées des eaux se multiplièrent rapidement et se dispersèrent par toute la terre; l'influence des climats divers qu'elles habitèrent modifia leurs traits, changea la couleur de leur peau et produisit les sept variétés d'hommes qui peuplent les cinq parties du monde.

La variété blanche ou arabeeuropéenne, habite une grande partie de l'Asie, le nord de l'Afrique, toute l'Europe, et la presque totalité de l'Amérique, dont elle s'est emparée depuis que Christophe Colomb en a fait la découverte.

La variété mongolique, ou mogole-chinoise, a la peau jaunâtre, la face large, les yeux relevés vers les tempes par leur angle externe. Cette race est placée dans l'Asie orientale; les Chinois, les Coréens, les Mongols, les Cochinchinois en font partie.

La variété malaye a la peau d'une nuance qui varie du brun-clair au rouge de cuivre, suivant les pays où elle se trouve. Cette variété peuple la presqu'île asiatique de Malaya, les îles voisines, la Nouvelle-Hollande, les îles de l'Océanie.

La variété éthiopique ou nègre habite l'Afrique; sa peau est noire.

La variété papoue se trouve dans plusieurs îles voisines de la Nouvelle-Hollande; les papous ont la peau noire comme les nègres d'Afrique.

La variété hyperboréenne est dispersée autour du pôle arctique, en Europe, en Asie et en Amérique; ses principaux peuples sont les Lapons, les Esquimaux, les Groënlandais.

La variété américaine a la peau rougeâtre. Avant la découverte de l'Amérique, elle peuplait tout ce continent et vivait dans un état sauvage, à l'exception des Péruviens et des Mexicains.

Les hommes de toutes les races vivent en société, c'est-à-dire en familles plus ou moins nombreuses, unies entre elles et formant des peuples.

Ainsi, les premiers habitants du globe ont été forcés de s'associer pour détruire les animaux féroces; ensuite pour défricher les forêts, pour cultiver; puis pour se défendre contre des sociétés voisines qui voulaient profiter de leurs travaux.

Le nombre des membres d'une société, venant à s'accroître, a produit des peuples. Il a fallu donner des lois à ces associations, mettre à leur tête des chefs pour les gouverner; alors les gouvernements ont pris naissance. Il y a cinq sortes de gouvernements : 1° le gouvernement théocratique, qui est celui dans lequel les prêtres gouvernent au nom d'une divinité : tels ont été les anciens gouvernements de l'Inde et de l'Egypte; 2° le gouvernement monarchique, qui est dirigé par un roi ou monarque; 3° le gouvernement aristocratique : c'est celui qui se trouve entre les mains d'une classe que l'on nomme la noblesse, comme l'ancien gouvernement de Venise; 4° le gouvernement démocratique, dans lequel le peuple dirige les affaires, comme aux Etats-Unis en Amérique; 5° les gouvernements mixtes, c'est-à-dire composés de monarchie, d'aristocratie et de démocratie : tels sont ceux de l'Angleterre, de l'Espagne.

De nos jours, les hommes sont tous libres, à peu d'exceptions près, encore tendent-elles à disparaître ; mais, dans l'antiquité, il y avait beaucoup d'esclaves, même des nations entières. Ces esclaves, pris à la guerre ou enlevés par des brigands, étaient vendus à des maîtres qui en disposaient à leur gré.

L'histoire apprend à connaître les diverses sociétés qui ont successivement occupé la terre.

L'histoire est la science qui transmet la connaissance des événements qui se sont passés chez les peuples anciens ; elle nous fait également connaître ceux qui surviennent chez les nations contemporaines ; elle instruit encore de l'origine des peuples, de leurs religions, de leurs mœurs, de leurs lois, et de l'état de civilisation auquel ils sont parvenus.

L'histoire conserve la mémoire des peuples, parce que les nations, comme les individus, ne font que passer sur la scène du monde; parce que leur existence est courte relativement à la durée des temps : car elles disparaissent pour faire place à d'autres lorsqu'elles ont accompli la tâche que la Providence divine leur avait assignée. L'histoire enregistre les actions des peuples; elle les transmet à la postérité; elle recherche les causes des révolutions, dévoile les grands crimes, et immortalise les grandes vertus. En accusant les fautes des antiques sociétés, en démontrant les raisons qui ont amené leur décadence et leur anéantissement, elle donne de grands enseignements; elle apprend à éviter les erreurs des devanciers ; elle inspire l'amour et le culte des lois et de la patrie ; elle indique les moyens de prolonger l'existence et la gloire nationales.

Parmi les antiques sociétés, quelques-unes, mais en petit nombre, ont subsisté jusqu'à nos jours ; ce sont celles des Chinois et des Indiens ; les autres ont péri. Les plus remarquables des peuples qui ont cessé d'être sont : 1° les Babyloniens, dont l'empire a dominé l'Asie occidentale pendant plusieurs siècles ; 2° les Mèdes et les Perses, dominateurs de l'Asie après les Assyriens ou Babyloniens ; 3° les Égyptiens, habitants de l'Afrique orientale, qui ont rempli leur pays de monuments magnifiques ; 4° les Hébreux, peuple choisi de Dieu, au sein duquel est né notre Seigneur Jésus-Christ. Peuple miraculeux dans les temps modernes, aujourd'hui dispersé sur toute la terre, où sa conservation, inexplicable par les lumières seules de la raison, est l'attestation vivante de l'origine céleste de la religion chrétienne; 5° les Grecs, nation intelligente, active, qui a produit une foule d'hommes de génie et des chefs-d'œuvre de tout genre dans ies arts : nation célèbre par la lutte qu'elle soutint contre les Darius, les Xercès, monarques de la Perse, dominateurs de l'Asie; nation qui, malgré son petit nombre, triompha de l'Orient tout entier, et plaça son chef Alexandre-le-Grand sur le trône des Cyrus; 6° les Romains, le plus merveilleux des peuples après

les Hébreux ; les Romains, deve
nus les rois de l'univers antique,
eux dont la petite ville fondée en
Italie, vers 753 ans avant J.-C.,
n'était qu'une misérable bourgade
de paille et de boue bien diffé-
rente alors de la Rome d'or et
de marbre d'Auguste et des Cé-
sars.

Les Perses avaient anéanti l'empire de Babylone, les Grecs dé-
trônèrent les Perses, les Romains
arrachèrent aux Grecs le sceptre
du monde ; ils furent à leur tour
renversés et vaincus par des
peuples jusque-là inconnus, sor-
tis du nord de l'Asie et de l'Europe, et que l'on nomma les Barbares, parce qu'ils étaient bien inférieurs aux Romains en civilisation. Ces peuples, les Francks,
les Goths, les Vandales, les Suè-

ves, les Hérules, les Saxons, les Anghels, les Huns, les Turcs, etc., ont remplacé les anciennes races avec lesquelles ils se sont mêlés, et ont formé toutes les nations modernes.

En considérant les époques, on divise l'histoire en trois grandes sections, ainsi classées: 1° l'histoire ancienne, s'étendant du déluge à l'établissement des Barbares sur les débris de l'empire romain; 2° l'histoire du moyen-âge, comprenant les faits depuis l'invasion des Barbares jusqu'à la prise de Constantinople par l'empereur des Turcs, Mahomet II; 3° l'histoire moderne depuis Mahomet II, 1453 après J.-C., jusqu'à nos jours.

L'histoire classe, comme vous le voyez, les faits suivant la suc-

cession des années ; cette classification se nomme la CHRONOLOGIE,
mot qui veut dire connaissance
des temps.

On appelle ÈRE le point de
départ d'où l'on commence à
compter les années pour former
des dates et classer les faits. Par
exemple, l'ère moderne ou chrétienne commence à la naissance
de N. S. J.-C. : nous sommes dans
l'année 1866 de cette ère, c'est-
à-dire qu'il s'est écoulé 1866 ans
depuis l'année de la naissance de
N. S. J.-C.

On connaît différentes ères,
savoir, avant J.-C. : 1° l'ère de la
création du monde ; 2° l'ère du
déluge ; 3° l'ère grecque des Olympiades, qui commence dans l'année 776 avant J.-C. ; 4° l'ère ro-
maine, de la fondation de Rome ;

elle date de l'an 753 avant J.-C.; 5° l'ère babylonienne de Nabonassar, commençant en 746, avant J.-C.; 6° l'ère syrienne des Séleucides : elle date de l'an 312 avant Jésus-Christ.

Les ères modernes sont : 1° l'ère chrétienne, qui commence avec le jour de la naissance de J.-C.; 2° l'ère des Arabes, des Turcs, des Persans et autres peuples mahométans, dite ère de l'hégire : elle date de l'an 622 après J.-C.

L'ère des Olympiades servait aux calculs chronologiques des Grecs, qui comptaient par Olympiades, c'est-à-dire par chaque retour des jeux olympiques que l'on célébrait à Olympie, dans le Péloponèse, tous les quatre ans.

L'ère de la fondation de Rome était employée par les Romains pour la chronologie de leur histoire.

L'ère de Nabonassar servit en Orient à former des dates, à partir de l'année dans laquelle Nabonassar monta sur le trône de Babylone.

L'ère des Séleucides est une autre ère orientale qui a pour point de départ l'année dans laquelle Séléneus Nicanor, un des successeurs d'Alexandre-le-Grand, fonda le royaume de Syrie.

L'ère de l'hégire est ainsi nommée d'un mot arabe qui veut dire fuite; elle commence à l'année dans laquelle l'Arabe Mahomet (MOHAMMED), fondateur de la religion musulmane, s'enfuit de la Mecque à Médine.

C'est en comparant les différentes ères entre elles, que l'on

parvient à faire concorder les dates de l'histoire des différents
peuples.

DEUXIÈME PARTIE.

L'INDUSTRIE HUMAINE.

AGRICULTURE. — HABITATIONS. — VÊTEMENTS. —
ANIMAUX DOMESTIQUES. — VILLES. — ARTS ET
SCIENCES.

Je vous ai fait le tableau de l'œuvre miraculeuse de la création. Vous savez comment Dieu a formé et orné la demeure de l'homme; comment cette créature, la plus parfaite de toutes, est distribuée sur ce globe que le maître du monde lui a donné. Dans cette seconde partie, je vous apprendrai de quelle manière l'homme a usé de son intelligence pour utiliser les dons du Créateur.

Adam, ayant péché, se vit condamné au travail; il était nu, entouré d'animaux destructeurs, obligé de demander à la terre sa nourriture. Les premiers besoins qu'il éprouva furent donc de se mettre à l'abri des variations des saisons, et de trouver les moyens de subsister. Pour se vêtir, il dépouilla les animaux que ses armes détruisaient; pour s'abriter de la pluie et des ardeurs du soleil, il dut avoir recours soit aux grottes creusées par la nature, soit à des cabanes de branchages et de feuilles; enfin, pour calmer sa faim, il chercha des fruits, planta les arbres qui produisaient les meilleu-

res espèces autour de son habi-
tion, apprivoisa plusieurs animaux
dont il mangea la chair et but le
lait. Ainsi, avec le premier homme
naquirent les premiers besoins et
les premiers arts. Bientôt les fils
d'Adam devinrent nombreux ; ils
découvrirent l'art de retirer le fil
du coton et du lin, de le tisser et
de fabriquer des étoffes ; ils ap-
prirent à les teindre de couleurs
fournies par d'autres plantes ; l'un
trouva le fer, imagina de le for-
ger, un autre inventa la scie, le
marteau ; alors on travailla le bois
et la pierre. Tel peuple se livra à
l'agriculture et bâtit des maisons
là où il cultivait ; tel autre préféra
l'éducation des troupeaux, vécut
en nomade, errant de pâturage
en pâturage, et dormit sous la
tente légère, demeure facile à dé-

placer. Puis, lorsque l'art funeste de la guerre commença ses ravages, il fallut trouver les moyens de se mettre à l'abri des invasions ennemies. On construisit donc des villes entourées de fossés et de murailles. Ensuite le commerce répandit la richesse dans l'enceinte des cités ; le besoin de l'étendre, celui de chercher au-delà des mers des matériaux précieux, produisit l'art merveilleux de la navigation, la navigation qui efface toutes les distances, lie ensemble les climats et les peuples les plus lointains! Quand il y eut des hommes riches, les modestes demeures primitives ne suffirent plus ; ils désirèrent des palais ornés de marbres somptueux, de riches tentures, de meubles précieux : les arts naquirent et se développèrent. Aux rois, aux peuples puissants, il fallut de vastes et majestueux monuments, d'immenses demeures royales, des jardins, des temples; les sciences commencèrent à paraître, car alors on eut besoin de la géométrie et de la mécanique pour mesurer, tracer, puis élever ces grandes constructions. La décoration des temples amena la sculpture et la peinture, compagnes inséparables de l'architecture. C'est ainsi que le génie de l'homme marcha d'inventions en inventions, pour améliorer son bien-être matériel.

An milieu de ce mouvement, il y avait des hommes que leur position sociale dispensait du travail manuel; ces hommes, les prêtres, se livrèrent à la contemplation : ils méditèrent sur l'origine du monde, sur la nature de Dieu et des hommes ; ils avaient découvert la philosophie. Portant ensuite leurs regards sur l'univers, sur son organisation, ils inventèrent l'astronomie et la physique.

Les arts se perfectionnèrent rapidement, mais il n'en a pas été de même des sciences, lentes à se perfectionner : ce n'est que dans notre siècle et celui qui l'a précédé, qu'elles ont fait le plus de progrès.

L'industrie humaine se divise en sciences, arts et métiers.

Les sciences se divisent en celles qui regardent Dieu, l'homme et la nature.

La théologie est la science qui s'occupe de Dieu et de la religion chrétienne.

Les sciences qui s'occupent de

l'homme sont : l'anatomie, ou connaissance de la structure du corps
humain ; physiologie, science de
la vie ou de la manière dont les
diverses parties du corps font
leurs fonctions; la médecine, qui
indique les moyens de guérir les
maladies; la philosophie, qui
s'occupe de la nature de l'âme,
des facultés intellectuelles; les
sciences morales et politiques, partie de la philosophie qui indi-
quent les devoirs des hommes et
des gouvernements; les sciences
législatives ou le croit, connaissances des lois et des coutumes des
peuples.

Les sciences qui s'occupent de la
nature sont : les mathématiques
ou science des nombres; la géométrie, qui démontre les dimen-
sions et les figures des corps; la

géographie, qui est la connaissance entière du globe terrestre ; l'astronomie, science des lois qui gouvernent les corps célestes ; l'histoire naturelle, ou connaissance des êtres qui composent les deux règnes organique et inorganique ; la physique, science des lois qui régissent les corps inorganiques et influent sur les corps organisés ; la chimie, connaissance de la composition des corps.

Les arts se divisent en beaux-arts et en arts manuels. Les beaux-arts, ceux dont la pratique nécessite l'emploi de l'intelligence, sont : la poésie, le dessin, la peinture, la sculpture, la gravure, l'architecture et la musique. Les arts manuels sont ceux qui s'exercent mécaniquement à l'aide des mains ; tels sont : l'art de tisser, de teindre,

de coudre, de broder, de bâtir.
Ces arts s'appellent aussi métiers.

LES PRODUITS DE L'INDUSTRIE. — OBJETS DE PREMIÈRE NÉCESSITÉ. — OBJETS DE LUXE.

On appelle produits de l'industrie les ouvrages d'arts qui sortent de la main de l'homme. Ces produits se divisent en deux classes : les objets de première nécessité, et les objets de luxe.

Les objets de première nécessité sont nombreux : ce sont ceux dont on ne peut absolument se passer. Nous les partageons en objets qui servent à la nourriture, au vêtement, au logement, et aux usages domestiques. Le pain, les végétaux comestibles, la viande, divers produits végétaux sont nécessaires pour la nourriture de l'homme.

Le pain se fait avec la farine du blé, du seigle ou de l'orge; cette farine s'obtient en écrasant le grain dans un moulin; on la pétrit avec de l'eau, on y ajoute un peu de sel, du levain, et on fait cuire le pain dans un four. Avant que le pain soit servi sur nos tables, bien des bras ont été employés : le laboureur a travaillé la terre, semé et récolté le grain; le meunier l'a moulu et changé en farine, portée par le marchand au boulanger, qui en fait du pain.

La viande est la chair du bœuf, du veau, du mouton, du porc : les herbagers et nourrisseurs élèvent ces animaux. La vache, la chèvre, la brebis, fournissent du lait d'où l'on tire la crême, le beurre et le fromage.

Les végétaux comestibles sont les fruits, comme : poires, pommes, noix, pêches, abricots, groseilles, oranges, etc. ; les légumes, savoir : les pois, les haricots, les lentilles ; les racines, telles que carottes, navets, panais, oignons, pommes de terre, betteraves, radis ; les verdures, qui sont les salades, le céleri, l'oseille, le cresson, les épinards, les choux, choux-fleurs, asperges, artichauts, etc. On nomme maraîchers les jardiniers qui s'occupent de cette culture.

Les vêtements de l'homme sont tirés de substances animales et végétales. La laine, la soie, le cuir, le feutre, les fourrures, sont les substances animales employées à la fabrication de nos vêtements. Le coton, le lin, le chanvre, sont les substances végétales qui servent aux mêmes usages.

Avec la laine on fait les tricots les camelots, les serges, les draps, les mérinos, les casimirs, les châles, et une foule d'autres étoffes. Le coton donne les calicots, les percales, les mousselines, des velours, etc.

Avec le chanvre et le lin, on fait des toiles de toutes qualités, depuis la grosse toile d'emballage jusqu'à la plus belle batiste. Toutes ces substances ont été d'abord filées, puis tissées; un grand nombre d'ouvriers les travaillent dans les manufactures.

La soie, qui est filée par la chenille d'un papillon de la Chine, se transforme en brillantes et précieuses étoffes qui appartiennent aux objets de luxe. La pierre, le bois, le fer, les briques, les ardoises, les tuiles, le plâtre, la chaux, servent à construire nos demeures. L'art de bâtir emploie un grand nombre d'ouvriers : le charpentier, qui taille et pose les solives ; le carrier, qui tire la pierre hors de la terre ; le maçon, qui construit les murs ; le tailleur de pierre ; le plâtrier, qui extrait le plâtre et le prépare ; le briquetier, qui cuit les briques, les tuiles et les carreaux ; le couvreur, pour faire le toit ; le serrurier et le menuisier, chargés de fabriquer et ferrer les portes et les fenêtres ; le vitrier, le peintre décorateur, le fabricant de papier de tentures.

Les objets qui servent aux usages domestiques sont si nombreux, que nous ne saurions les énumérer. On peut les diviser en ustensiles, meubles et matériaux. Les ustensiles sont : les fourneaux, casseroles, chaudrons, et tout ce que fabrique le chaudronnier; les vases, depuis les plus communs jusqu'aux plus précieux, depuis les simples poteries de terre et la faïence, jusqu'aux élégants cristaux et la porcelaine transparente. Vous connaissez les meubles et leurs usages; ils sont les produits de l'art de l'ébéniste, comme les commodes, les secrétaires, les tables, lits, armoires; et de l'art du tapissier, comme les fauteuils, bergères, canapés, rideaux, etc.

Les matériaux sont le bois, le charbon, le charbon de terre, le savon, la chandelle, la bougie, etc. Les trois premiers sont appelés combustibles, parce qu'on les brûle pour obtenir la chaleur nécessaire pour cuire et se chauffer. Le charbon se fait avec du bois qu'on chauffe en l'étouffant; il se prépare dans les forêts. Le charbon de terre, ou la houille, se trouve dans des mines d'où on l'extrait. La chandelle et la bougie, ainsi que l'huile, servent à éclairer nos appartements. La chandelle est une mèche de coton entourée de graisse de mouton et de bœuf, ou suif; la bougie est une mèche de même matière, entourée de cire d'abeilles blanchie. L'huile à brûler se retire des noix, du chenevis, du colza, de la graine de pavot; elle sert à éclairer avec les lampes et quinquets. Les boutiques et les passages sont illuminés avec le gaz hydrogène, qui est de l'air inflammable retiré de la houille, de l'huile, ou de graines grasses, dans des établissements particuliers. Le gaz est amené par des conduits souterrains dans les endroits qu'il doit éclairer.

Le savon est un composé de potasse et d'huile ou de graisse, que l'on emploie pour nettoyer et laver les vêtements.

On donne le nom d'objet de luxe à tout ce qui n'est pas de première nécessité; ces objets sont formés de matières rares, précieuses, et se vendent fort cher. Les vêtements de luxe sont des étoffes fines, couvertes souvent de dessins qui nécessitent l'emploi de teintures coûteuses et difficiles à exécuter. Les draps fins, les velours de soie, les mousselines de laine et de coton, le satin, les taffetas, les cachemires, les batistes et toiles de Hollande, les dentelles, fournissent les vêtements de luxe. Les pierreries, les diamants, les bijoux, la vaisselle d'or et d'argent, les meubles en bois précieux, les dorures, les bronzes, statues, tableaux, chevaux, voitures, que vous voyez abonder dans les hôtels des personnes riches, sont autant d'objets de luxe. Le luxe est nécessaire dans une nation, parce qu'il nourrit une multitude d'ouvriers, d'artistes, et qu'il répand le superflu des riches dans les classes laborieuses.

MONUMENTS PUBLICS : TEMPLES, PALAIS, CANAUX, ROUTES, PONTS, CHEMINS DE FET

Les monuments sont les grands édifices d'utilité publique et ceux qui servent à l'embellissement des villes, dans lesquels l'art de l'architecture déploie toute sa magnificence. Les monuments ont toujours été l'orgueil des peuples qui les ont élevés. Dans les temps antiques, plusieurs de ces constructions ont acquis une haute renommée ; ce furent principalement les palais-temples de l'Egypte, celui de Jérusalem, le temple de Diane d'Ephèse, le temple d'Apollon de Delphes, celui de Minerve à Athènes, dit le Parthénon ; les Pyramides et les Obélisques d'Egypte ; le Capitole de Rome ; les cirques ou théâtres de la même ville, et surtout celui qui portait le nom de Colo sseum, dont les ruines sont aujourd'hui appelées Colysée.

Les principaux monuments modernes sont le magnifique

temple de Saint-Pierre de Rome,
l'église de la Madeleine de Paris,
l'église de Saint-Paul de Londres,
la cathédrale de Milan, le Pan-
théon de Paris, l'église Saint-Marc
de Venise, l'abbaye de Wes'min-
ster de Londres, en style gothique
pendant le moyen-âge, ainsi que
la cathédrale d'Amiens, celle de
Reims, la cathédrale de Stras-
bourg, Notre-Dame de Paris, etc.

On remarque, parmi les pa-
lais : le château des Tuileries et le
Louvre, le palais du Luxembourg,
celui de la Bourse, le palais des
Invalides, le Palais-Royal, le
château de Versailles, le palais de
Carlton-House, en Angleterre;
l'hôtel de ville d'Amsterdam; la
Bourse de Pétersbourg.

Je vous citerai encore la colonne
de bronze de la place Vendôme,

à Paris, construite sur le modèle de la colonne Trajane de Rome. Cette colonne, élevée à la gloire des armées françaises, a 44 mètres 66 centimètres de hauteur; le bronze qui la revêt pèse 900,000 kilog.

On nomme temples les édifices consacrés à une divinité, dans lesquels on s'assemble pour lui rendre hommage et l'adorer. Les temples du vrai Dieu, du Dieu que nous adorons, s'appellent ÉGLISES, c'est-à-dire, en grec, lieu d'assemblée. La principale église d'une ville où réside un évêque est une cathédrale.

Les palais servent de résidence aux rois, aux chefs du gouvernement, ou de lieux d'assemblées publiques, dans lesquels on traite des affaires particulières.

Les canaux sont de grands ouvrages entrepris pour réunir plusieurs petites rivières et obtenir une masse d'eau capable de porter bateau. En France, nous possédons plusieurs canaux, savoir : le canal de Languedoc, entrepris pour joindre la mer Méditerranée à l'Océan : il n'a encore que 180 kilomètres de longueur ; le canal d'Orléans ; le canal de Bourgogne, qui joint la Saône à l'Yonne, et par conséquent à la Seine ; le canal du Centre, joignant la Saône à la Loire ; le canal de Briare, unissant la Seine à la Haute-Loire ; le canal de Saint-Quentin, qui joint l'Oise à l'Escaut. Outre ces canaux, il y en a plusieurs autres d'un ordre inférieur, comme celui de l'Ourcq, que l'on voit à

Paris, qui abrége la navigation de la Seine.

Les routes ou grands chemins ont pour destination d'ouvrir des communications dans toutes les parties d'un pays; elles font communiquer non-seulement toutes les villes entre elles, mais même les bourgs et les villages. En France, on classe les routes, d'après leur grandeur, en routes impériales, routes départementales, et chemins vicinaux. Les premières sont entretenues aux frais de l'État; les secondes, par les départements; les troisièmes, par les communes auxquelles ils aboutissent. Les voitures publiques qui voyagent sur les grandes routes s'appellent diligences ou messageries; les rouliers sont les hommes qui conduisent les voitures chargées des marchandises expédiées par les négociants.

Les chemins de fer, routes d'invention nouvelle, consistent en ornières de fer dans lesquelles entrent les roues de diligences et de chariots traînés par des machines à vapeur. On voyage sur ces chemins avec une grande rapidité, puisqu'on peut parcourir de douze à quatorze lieues par heure. On espère encore pouvoir augmenter sans danger cette vitesse.

On joint les deux rives d'un fleuve, d'une rivière, d'un lac, et quelquefois même les deux chaînes de montagnes qui limitent une vallée, au moyen de ponts. La plupart des ponts se bâtissent en pierre; cependant il y en a dont les voûtes sont en fer, comme on le voit au pont d'Austerlitz, au pont des Arts et au pont du Carrousel, à Paris. Aujourd'hui on élève des ponts suspendus; ils n'ont souvent qu'une arche dont le plancher est soutenu par des chaînes de fer ou par d'énormes câbles de fils de fer scellés dans des massifs de maçonnerie : ces ponts réunissent l'élégance à la solidité et à l'économie. Paris possède en ce genre le pont Louis-Philippe, ceux d'Arcole, des Invalides et de Charenton.

TROISIÈME PARTIE.

DES DEVOIRS.

DEVOIRS ENVERS DIEU.

J'ai achevé, mes amis, de vous tracer le tableau de l'œuvre de la création et des productions de l'intelligence humaine; je vais terminer ce livre en vous instruisant en peu de mots des devoirs que vous avez à remplir. Vous devez vous y conformer avec bien de la joie à ces devoirs, puisqu'ils sont le seul moyen que vous possédiez de témoigner votre reconnaissance à Dieu, qui a tant fait pour vous, et à vos pères et mères, qui vous aiment avec une si vive tendresse.

Les devoirs d'un enfant sont au nombre de cinq : 1° envers Dieu; 2° envers les parents; 3° envers les maîtres; 4° envers les inférieurs; 5° envers la société.

Un enfant ne doit jamais oublier un seul moment que Dieu est son créateur et son maître ; que Dieu lui a donné des lois auxquelles il doit se soumettre; enfin que la plus secrète de ses actions n'échappe pas à l'Eternel, qui voit tout.

L'obéissance et l'amour porteront donc l'enfant à rendre ses hommages au Créateur, le matin, le soir, et dans les instants de la journée où il reçoit ses bienfaits.

Il obéira aux commandements de Dieu et à ceux que ses représentants sur la terre font en son nom.

Lorsqu'il se présentera dans l'église, qui est le temple du Seigneur, il aura soin de s'y tenir avec décence, recueillement, et de prier jusqu'à la fin du service divin.

Celui qui ne s'écarte jamais des devoirs que Dieu a prescrits à tous les hommes, obtient la protection céleste, est respecté de ses semblables, et jouira d'un bonheur éternel dans le ciel.

DEVOIRS ENVERS LES PARENTS.

Après Dieu, les personnes que

nous devons le plus aimer sont nos père et mère. En effet, que de soins n'ont-ils pas eus pour nous depuis notre naissance? Que de peines ne se donnent-ils pas pour soigner notre faible et longue enfance? Voyez cette tendre mère passer les jours et les nuits auprès du jeune enfant qu'elle allaite : pour elle, jamais de repos. Pendant le jour, son occupation est de calmer les cris, d'apaiser les douleurs de son fils : la nuit survient, elle veille encore près du berceau de ce rejeton chéri, de crainte que son sommeil ne soit troublé. O mes amis! si vous saviez ce que vous avez coûté de soucis et d'inquiétude à vos mères, si vous pouviez comprendre avec quelle force de sentiment elles vous aiment, votre amour pour elles deviendrait un véritable culte!

Et ne croyez pas que les soins de vos parents soient bornés à votre enfance : ils sont de toute la vie et ne font qu'augmenter avec votre âge.

Vous aimerez donc vos parents, et vous leur prouverez votre amour par votre obéissance, votre assiduité au travail, par les efforts que vous ferez pour acquérir de l'instruction.

En aimant vos parents, en leur obéissant, en vous efforçant de leur être agréable par une bonne conduite, vous attirerez sur vous les bénédictions de Dieu; car il a dit à l'homme : « Honore ton père et ta mère, si tu veux vivre longtemps sur la terre. »

DEVOIRS ENVERS LES MAITRES.

Les occupations nombreuses de vos parents, les affaires multipliées auxquelles ils se livrent, les devoirs de leur état, ne leur permettent pas, mes enfants, de vous donner eux-mêmes l'instruction dont vous avez besoin. Il faut donc qu'ils confient le soin de votre éducation à des personnes dont la capacité et les bonnes mœurs sont éprouvées par de longs travaux et par une vie sans reproches. Ces personnes sont vos maîtres. Dépositaires de l'autorité que vos pères et mères ont sur vous, votre premier devoir est de leur obéir comme aux représentants de ceux qui vous ont donné le jour. Mais bornerez-vous là vos sentiments pour eux : Non, mes enfants, ceux d'entre vous qui ont une belle âme ne se croiront pas quittes envers leurs maîtres, s'ils ne les aiment comme de seconds parents. La tâche qu'ils remplissent est pénible; efforcez-vous donc de la rendre plus facile par votre douceur, votre attention et votre docilité.

DEVOIRS ENVERS LES INFÉRIEURS.

Tous les hommes sont égaux devant Dieu, et tous les Français sont égaux devant la loi; nous n'avons donc pas réellement d'inférieurs; mais il se trouve des personnes que le défaut de fortune contraint à nous consacrer leurs travaux moyennant salaire.

Envers ces inférieurs par position, l'enfant a des devoirs de bienveillance et de délicatesse à remplir; il doit s'attacher à leur parler avec affabilité, à rendre agréables leurs rapports mutuels. Par de bons procédés, on gagne toujours l'affection des domestiques, et ils s'attachent alors à ceux qu'ils servent.

DEVOIRS ENVERS LA SOCIÉTÉ.

La société se compose de tous les hommes, un grand devoir lie entre eux les membres de la société humaine; c'est le divin précepte : AIME TON PROCHAIN COMME TOI-MÊME; NE FAIS JAMAIS AUX AUTRES CE QUE TU NE VOUDRAIS PAS QU'ON TE FÎT A TOI-MÊME. Celui qui prend ce précepte pour règle de conduite est certain de remplir ses devoirs envers la société, car il les renferme tous.

La société universelle se divise en société partielles qui sont les peuples. Chaque peuple a sa patrie, et les devoirs envers la patrie sont nombreux et sacrés; mais vous êtes trop jeunes, mes petits amis, pour que je vous en entretienne.

Une fraction de la société avec laquelle vous êtes en rapport, c'est vous-mêmes, c'est-à-dire tous les enfants de votre âge, vos camarades. Croyez-vous être exempts de devoirs les uns envers les autres? Non, ou vous seriez dans une grande erreur. Prenez donc pour règle la maxime de Jésus-Christ que j'ai placée en tête de ce chapitre, il en résultera pour vous un grand bien : votre caractère s'adoucira, vous prendrez des manières aimables et polies, on se plaira au milieu de vous, chacun vous chérira et s'efforcera de vous faire plaisir.

Les devoirs généraux que vous avez à remplir envers la société sont : la politesse envers tous, quels qu'ils soient; de la bienveillance, de la douceur dans les paroles; le respect envers les vieillards, envers les infirmes, les malheureux; le respect également envers les personnes placées au-dessus de vous par le rang qu'elles occupent dans la société.

DE L'UTILITÉ D'UN ÉTAT.

Dieu en créant l'homme lui a imposé le travail comme une nécessité. Riches et pauvres sont donc obligés de se créer une occupation : les premiers, pour se rendre utiles à leurs concitoyens, à la patrie; les seconds, pour soutenir leur existence.

Celui qui, possédant de grandes richesses, dit : JE SERAI OISIF, JE NE FERAI RIEN, est un méprisable ÉGOÏSTE. Il est bientôt puni de sa paresse, car l'ennui et les maladies assiégent son âme et son corps affaiblis par la mollesse et l'oisiveté.

Vous voyez, chers enfants, que nul ne peut se soustraire au travail; il faut savoir choisir celui qui convient à la position dans laquelle Dieu nous a placés.

Lorsque vous aurez reçu l'éducation convenable au rang que votre famille tient dans la société, alors vous vous déciderez sur le choix d'un état. Les arts manuels conviennent à ceux qui n'ont pas de fortune. Ils auraient tort de vouloir s'ouvrir la carrière des beaux-arts ou des lettres, à moins d'avoir de grandes dispositions naturelles. D'ailleurs, c'est un méprisable préjugé que celui qui représente les arts manuels comme dégradants. C'est l'intelligence, la politesse des manières et du langage, et la manière de vivre qui donnent le rang, plutôt que le genre de travail auquel on s'occupe. Tel ne fera pas société avec un homme vivant du produit du labeur de ses mains, parce que cet homme est grossier dans ses manières, son langage et ses goûts, et non pas parce qu'il est paysan ou journalier.

CONCLUSION.

Que cette esquisse rapide de l'ensemble de l'univers, écrite pour vous, chers enfants, vous inspire le désir d'acquérir bien vite des connaissances plus vastes et plus profondes : qu'elle soit le stimulant qui vous excite au travail; qu'elle vous fasse aimer, adorer Dieu, notre créateur; voilà les souhaits formés par un de vos meilleurs amis. Méditez-en les chapitres qui retracent vos principaux devoirs; mettez chaque jour leurs préceptes en pratique, et vous vous rendrez agréables à tout le monde; vos parents, vos maîtres, vos condisciples vous chériront, et Dieu répandra sur vous le trésor de ses bénédictions.

PETITS CONTES.

LES BUISSONS.

M. L'ABBÉ OLIVIER, jeune ecclésiastique, s'était toujours senti une grande propension à s'occuper de l'éducation de la jeunesse; il avait un frère aîné nommé Pierre, qui, après quelques années de mariage, se trouvait chargé d'une nombreuse famille. A l'âge de vingt-huit ans, M. Olivier obtint une cure dans un gros bourg, près de Poitiers, et alors il demanda à son frère de lui envoyer ses deux fils aînés, lui proposant de les garder près de lui et de les instruire. Afin de déguiser le service qu'il voulait rendre à sa famille, il ne parlait guère dans sa lettre que du vif plaisir qu'il se promettait dans la société de deux enfants aussi aimables que Philibert et Alexandre, ses deux neveux.

M. Pierre Olivier s'empressa de déférer à la demande de son frère, car il savait ne pouvoir rien faire de plus avantageux pour ses fils que de leur donner un instituteur bon, savant et pieux comme leur oncle.

Les deux enfants arrivèrent au presbytère, et M. Olivier fut charmé de l'air de ses élèves; ils étaient doux, bien élevés, et déjà possédaient quelques connaissances. De leur côté, ceux-ci se plurent beaucoup avec un maître qui savait exciter sans cesse leur attention, piquer leur curiosité.

et enfin leur rendre l'étude facile et agréable.

Dans toutes les leçons que l'abbé Olivier donnait à ses neveux, il remontait à la cause première; quand il leur faisait admirer les beautés de la nature, le lever du soleil, le ciel, qui pendant la nuit s'illumine de mille feux, il leur rappelait que l'auteur de ces merveilles c'est Dieu. Il leur disait souvent que plus l'homme est savant, plus il trouve de motifs d'admirer la bonté et la puissance du créateur; car, la science démontre que dans la nature rien n'existe en vain; que les choses qui nous semblent au premier aspect nuisibles ou inutiles, sont souvent les preuves les plus convaincantes de l'intelligence infinie qui a présidé à la création.

Dans les premiers jours du printemps, l'oncle et les deux neveux étaient, vers le soir, à se promener au milieu des champs. Philibert et Alexandre regardaient défiler devant eux un beau troupeau de moutons. L'oncle leur expliquait quel usage on fait de la laine, et leur apprenait à admirer la prévoyance divine qui, à l'approche de l'hiver, rend plus épaisse la fourrure ou la toison des animaux, afin de les mieux garantir des frimas.

En causant ainsi, ils vinrent à passer devant un gros buisson d'aubépine, et Philibert, en s'en approchant un peu trop, eut la figure légèrement égratignée par une branche qui avançait sur le chemin ; il s'écria avec impatience :

— Ah ! mon Dieu, pourquoi

y a-t-il des buissons pleins d'épines qui viennent ainsi déchirer la
figure des passants ?

— Comment! Philibert, répon-
dit son oncle, tu voudrais que ces
buissons se dérangeassent pour te
faire place ?

— Je ne suis pas si exigeant,
mais je voudrais qu'on me dise à
quoi sont bonnes les épines qui
m'égratignent! et voyez, ce n'est
pas à moi seul qu'elles font du
mal! toutes leurs branches du bas
sont chargées de flocons de laine, que les moutons se sont laissé
enlever par ces méchantes pointes.

— Vraiment, Philibert, je crois
que tu as raison, dit à son tour
Alexandre, les buissons sont des
brigands qui attendent les gens
sur les chemins pour verser leur
sang ou les voler ; ce serait, je crois,

faire une bonne œuvre que de les détruire.

— Une bonne œuvre, mon cher neveu, le croyez-vous? Alors je suis des vôtres; il est trop tard ce soir pour la commencer; mais demain matin nous nous lèverons au point du jour pour nous mettre à détruire ces méchants buissons. Nous ferons bien de ne pas perdre de temps, car il me semble qu'il y en a beaucoup et partout.

Les deux enfants furent étonnés de cet assentiment; toutefois leur attention fut bientôt détournée, et ils ne pensèrent plus aux épines.

Le lendemain matin leur oncle les fit lever dès l'aurore.

— Partons, disait-il, prenez chacun une serpe et allons abattre tous les buissons épineux, qui ne sont bons à rien.

Alexandre et Philibert se hâtèrent, quoiqu'un peu surpris, et suivirent leur oncle. En arrivant en haut d'une colline, ils aperçurent les buissons qui avaient excité la mauvaise humeur de Philibert; c'était une partie de la clôture d'un vaste champ de blé, dont la tendre verdure ressemblait à un tapis de couleur d'émeraude. L'aubépine qui formait les haies en grande partie, était alors tout en fleurs, et formait d'immenses bouquets, embaumant au loin la campagne.

— Eh bien! Philibert, dit M. Olivier, voilà ton ennemi : en avant! marche!

— Mon oncle, j'ai scrupule de détruire des arbustes aussi jolis.

— Puisqu'ils te sont nuisibles, à toi, aux moutons, à tout le monde.

— Quant à moi, j'aurais dû me déranger, je ne me plains plus.

— Au fait, je crois, comme toi, que tu as crié sans motif sérieux ; tu pouvais te détourner d'un buisson, comme de tout autre objet inanimé ; mais les moutons, les pauvres moutons, dont les buissons volent la laine ! il faut songer à eux, ils n'ont pas l'instinct de se défendre contre de telles attaques ! Avançons donc, et préparez vos serpes.

En approchant de la haie, les enfants y virent un grand nombre d'oiseaux. Les uns prenaient dans leur bec un brin de la laine restée aux buissons et s'envolaient ; les autres se disputaient un petit flocon, chacun en attrapait sa part et suivait les premiers, puis revenait ; enfin les oiseaux faisaient si bien qu'il ne restait presque plus de laine aux buissons.

— Ah ! mon frère, vois donc, disait Alexandre ; les oiseaux mangent-ils donc la laine ?

— Je crois que c'est pour leur nid qu'ils viennent la recueillir.

— C'est donc à présent que les oiseaux construisent leur nid ?

— Oui, vraiment, et cela me fait naître une idée ; dites-moi, mon oncle, les moutons laissent-ils ainsi, en tout temps, de la laine aux buissons ?

— Non, mon ami, c'est seulement après le temps froid, lorsque leur toison est près de se dégarnir.

— Oh ! mon oncle, maintenant je reconnais ma faute ; hier j'oubliais vos leçons quand je supposais que Dieu pouvait avoir fait quelque chose sans but et sans utilité ! Oui, les buissons sont une œuvre bien touchante ! s'ils recueillent cette laine qui devient inutile aux brebis, c'est pour la donner aux oiseaux, afin que leurs nouveaux-nés aient chaud et soient mollement couchés dans leur nid.

En ce moment arriva le fermier auquel appartenait le champ de blé que les buissons entouraient, il salua son curé respectueusement, lui souhaita le bonjour, puis il demanda ce qui l'amenait de si bon matin dans les champs. M. Olivier lui conta, en souriant, l'aventure, et termina en lui disant pour quelle raison ses neveux avaient renoncé à leur projet.

— Vos motifs sont très bons, mes petits messieurs, dit le fermier, cependant permettez-moi de vous dire qu'il y en a de meilleurs à y ajouter.

Non-seulement les buissons sont agréables à voir et GÉNÉREUX pour les petits oiseaux ; mais encore ils sont, pour les hommes, de la plus grande utilité. Voyez la haie qui entoure ce champ de blé, il ne pourrait y passer un lapin, aussi le blé n'est mangé ni par les bêtes fauves ni par les bestiaux ; mon jardin n'a pas d'autre enceinte, et elle le défend mieux qu'un mur. Ah! les buissons d'épines sont un grand bienfait de la Providence pour les gens de la campagne ; ils forment des clôtures excellentes qui ne coûtent presque rien, qui s'améliorent chaque année et qui donnent même un peu de bois.

Cette leçon s'est gravée pour toujours dans le cœur d'Alexandre et de Philibert ; jamais ils n'ont oublié que toute œuvre de Dieu a son utilité, évidente ou cachée.

CAROLINE.

Madame P..., jeune femme aussi distinguée par les grâces et la tournure piquante de son esprit, que par la délicatesse de ses sentiments et la force de son caractère, reprenait un jour Pauline, sa fille aînée, d'une légèreté bien pardonnable à son âge. Pauline, touchée de la douceur que sa mère mettait dans ses reproches, versait des larmes de repentir et d'attendrissement. Caroline, âgée alors de trois ans, voyant pleurer sa sœur, grimpe sur les barreaux d'une chaise pour atteindre jusqu'à elle, d'une main prend son mouchoir dont elle lui essuie les yeux, et de l'autre lui glisse dans la bouche un bonbon qu'elle roulait dans la sienne. Il me semble que M. Greuse pourrait faire un tableau charmant de ce sujet.

FIN.

TABLE.

TROISIÈME PARTIE.

PETITS CONTES.

FIN DE LA TABLE.

Limoges. — Imp. E. ARDANT et Cⁱᵉ.